每日无

发现 100 种美味健康的无油无脂烹饪食谱，非常适合您的日常烹饪和更健康的生活方式：从早餐到晚餐，探索美味营养的膳食，让您的味蕾歌唱，让您的身体感恩。

惠 余

免责声明

本书中包含的信息旨在作为本书作者研究过的策略的综合集合。摘要、策略、提示和技巧仅由作者推荐，阅读本书并不能保证一个人的结果将完全反映作者的结果。本书的作者已尽一切合理努力为本书的读者提供最新和准确的信息。对于可能发现的任何无意的错误或遗漏，作者及其相关方不承担任何责任。书中的材料可能包括来自第三方的信息。第三方材料包含其所有者表达的意见。因此，本书的作者不对任何第三方材料或意见承担任何责任或义务。无论是因为互联网的发展，还是公司政策和社论提交指南的不可预见的变化，在撰写本文时陈述的事实可能在以后变得过时或不适用。

目录

3.炉灶煮燕麦配料13 16饼23 29_ 43_ 46介绍

无油和无脂肪饮食就像它们听起来一样：一种不含任何形式的油或脂肪的饮食。遵循无油无脂肪饮食的人不会使用液体油、人造黄油/黄油产品或任何含有这些成分的食物。以下是无油无脂饮食的一些好处：

a) 它减少脂肪、盐和卡路里

b) 它促进减肥

c) 它可以提供必需的维生素和营养素

d) 你可以避免高度加工的油

e) 无油食品味道更好

f) 它可能会改善您的心理健康

早餐

1. 烤早餐土豆

制作：4-6份

原料：

- 1茶匙大蒜粉
- 5 杯切碎的红土豆或育空黄金土豆
- 1 个黄洋葱，切丁
- 2 茶匙蒜末
- 1茶匙海盐
- ¾ 茶匙老海湾调味料
- 1茶匙辣椒粉
- 1 个红甜椒，切碎
- 捏黑胡椒

指示：

a) 将烤箱预热至 400 华氏度。

b) 将土豆、洋葱和红辣椒放入一个大碗中。

c) 撒上大蒜。

d) 加入香料、盐和黑胡椒，搅拌均匀。

e) 加入烤盘或铸铁煎锅中烤 45 分钟。

f) 与沙拉或任何其他早午餐一起食用！

2. 炉灶 燕麦杏格兰诺拉麦片

制作：10份

原料：

- ½ 杯混合浆果
- ½ 杯杏干
- 3 杯生杏仁，浸泡（可选）
- 2 杯燕麦片
- 4 包 1 克甜叶菊
- 撒上海盐

指示

a) 在食品加工机中混合杏仁（如果使用）、浆果和杏子。

b) 在一个大煎锅中，在炉子上方，用中火煮混合物。

c) 与燕麦片、甜叶菊和海盐一起搅拌。

d) 用中火烤 15 分钟，定期搅拌，或直到燕麦变脆。

e) 将混合物铺在羊皮纸上冷却。

f) 保持容器密闭。

3. 炉灶煮燕麦配料

品牌：1 份

原料：

- ½ 杯燕麦片
- ½ 茶匙肉桂
- ½ 杯开水

浇头

- 水果片
- 枫糖浆或蜂蜜
- 巧克力脆片
- 红糖或原糖

指示

a) 将 ½ 杯燕麦和 ½ 杯开水放入平底锅中，盖上盖子浸泡一夜。

b) 早上，在平底锅中加入 1 茶匙肉桂，搅拌均匀。

c) 煮沸，然后转小火慢炖，直到燕麦变软并且大部分液体被吸收，大约需要 10 分钟。5分钟

d) 存放在冰箱中的密封容器中最多 4 天。

4. 微波菠萝浆果燕麦片

品牌： 2 份

原料：

- 1杯植物奶
- ½ 杯冷冻菠萝块
- ½ 杯速煮燕麦
- ¼ 杯浆果
- 2茶匙枫糖浆
- ⅛ 茶匙粗盐
- 1 汤匙切碎的腰果（可选）

指示

a) 在一个中小碗中将植物奶、菠萝、燕麦、浆果、糖浆和盐搅拌在一起。

b) 倒入杯子中。

c) 盖上盖子并用微波炉加热至奶油状，大约 3.5 分钟。

d) 如果使用的话，撒上坚果。

5. 冷燕麦配无糖椰子酸奶

品牌：2

原料：

- 有机燕麦
- 一把蔓越莓干
- 1根香蕉
- 1 勺无糖椰子酸奶
- 一把杏仁（可选）
- 一把核桃（可选）
- 以植物为基础的口味

指示：

a) 将所有成分混合在一个碗中，与您最喜欢的植物奶一起食用。

6. 肉桂卷

制作：1 份

原料：

- 1⅓ 汤匙酵母
- 1杯温脱脂牛奶
- ¼杯糖
- 3 杯面粉，被分割的
- 2个蛋清
- 1茶匙盐
- 1杯红糖
- 2汤匙肉桂
- 1个蛋清

- 1汤匙脱脂牛奶
- 1⅓杯糖粉
- 2汤匙脱脂牛奶或柠檬汁
- 1茶匙香草精

指示：

糕点面团：

a) 在一个大碗中混合酵母和牛奶。轻轻搅拌 1 分钟。

b) 加入糖、1½ 杯面粉和蛋清。搅拌100次。醒 30 分钟。

c) 然后加入盐和 1 ⅓ 杯面粉，搅拌直至充分混合，面团开始从碗的侧面拉开。

d) 揉面团五分钟，根据需要撒上剩余的面粉。

肉桂卷：

e) 在工作表面撒上面粉。把面团放在上面。

f) 撒上足够的面粉以防止面团粘在擀面杖上。将面团擀平，直到大约 ¼ 英寸厚，呈矩形。

g) 在顶部撒上肉桂红糖混合物。轻轻地将长方形面团从长边擀成圆木。切成 2 英寸厚的部分。放在不粘边的饼干纸上。

h) 将蛋清和脱脂牛奶混合以洗蛋液。用蛋液轻轻刷上面包卷的顶部。在 375 度烤箱中烘烤 20 分钟或直到顶部变成棕色。立即从平底锅和冰中取出。

刨冰：

i) 将糖粉倒入一个小碗中。将牛奶煮沸并倒入糖。搅拌至光滑。加入香草并搅拌直至充分混合。用勺子舀到肉桂卷上。

7. 脱脂华夫饼

品牌： 4 份

原料：

- 1½ 杯全麦面粉
- 1 汤匙泡打粉/或小苏打
- 1 茶匙香草
- 1茶匙肉桂
- 1茶匙香菜种子
- 1 茶匙亚麻籽
- 1 杯脱脂酸奶
- 1¼ 杯脱脂牛奶

指示：

a) 准备面糊时加热华夫饼干。

b) 将所有这些成分放入搅拌机中并充分混合。

c) 使用 ½ 杯量杯，倒在华夫饼模上，将计时器打开 4 分钟或直到大部分蒸汽消失。

8. 脱脂饼干

制作：1 份

原料：

- 2 杯全麦面粉
- 2茶匙泡打粉
- 1汤匙糖
- ¼ 杯鸡蛋代用品
- 1.5 汤匙奶油
- 1杯水和2茶匙醋
- ½ 茶匙小苏打
- ½茶匙盐；

- 不粘喷剂

指示：

a) 预热烤箱至400度。将面粉、泡打粉、糖、盐、小苏打和鸡蛋代用品混合，直至形成饼干面团状的稠度。

b) 添加 Creme It 混合物，混合在一起以完成面团。

c) 将一大堆汤匙滴在饼干片上，相距 2 英寸，轻轻涂上不粘喷雾。

d) 烘烤 8-10 分钟。

开胃菜和蘸酱

9. 脱脂无酵饼

品牌： 1 份

原料：

- ½ 杯无酵饼餐
- ½ 茶匙 盐
- ¾ 茶匙粉状速溶肉汤
- 2 茶匙切碎的欧芹
- 1 破折号洋葱粉
- 3个蛋清
- 3汤匙冷苏打水

指示：

a) 将干配料搅拌在一起 用叉子轻轻搅拌蛋清、苏打水和欧芹，然后倒在干配料上。充分混合并冷藏至少一小时。

b) 做成 8 个球（直径 1.5 英寸），放入一大锅沸腾的盐水或肉汤中。

c) 关小火，盖上锅盖炖 30 分钟。烹调期间请勿取下盖子。

d) 用有槽的勺子取出无酵饼球，放入汤中食用。

10. 棉花糖零食

制作：24 种零食

原料：

- 10 盎司棉花糖
- 6 杯米脆饼
- 3汤匙酒

指示：

a) 用小火或微波炉融化棉花糖。

b) 加入黄油酒并搅拌均匀。

c) 加入麦片并快速搅拌均匀。

d) 压入涂有烹饪喷雾的 9" x 13" 平底锅。

11. F at-free巧克力纸杯蛋糕

品牌：12 份

原料：

- 1 小盒果冻 煮熟后上桌 --
- 巧克力布丁宝
- ½ 杯脱脂奶粉
- 1 汤匙不加糖的好时可可
- ½ 杯糖
- 1杯自发面粉
- 4个蛋清——用
- 在 1-½ 夸脱碗中加入 1 撮盐
- 1 茶匙香草

- 4 盎司苹果酱
- ¼ 茶匙小苏打

指示：

a) 在中号搅拌碗中混合果冻粉、奶粉、可可粉、糖和面粉。搁置。

b) 使用电动搅拌器，将混合在一起的香草、苹果酱和小苏打交替加入蛋清混合物中，每次加入一杯。

c) 最后一次添加后打 2 分钟。在 12 个纸杯蛋糕孔之间平均分配面糊。

d) 在 350~ 烘烤约 18-20 分钟或直到测试仪出来干净。

12. 核仁巧克力饼

品牌：13

原料：

- ¼ 杯不加糖的巧克力片
- ¼ 杯无糖可可粉
- 1 杯山核桃，切碎（½ 瘦肉）
- ½ 杯杏仁黄油
- ½ 茶匙香草
- ¼ 杯罗汉果甜味剂
- ⅛ 茶匙粉红盐

指示：

a) 将山核桃、甜味剂、香草、杏仁黄油、可可粉和盐加入食品加工机中，加工直至充分混合。

b) 将布朗尼混合物转移到大碗中。加入巧克力片并折叠好。

c) 用核仁巧克力饼混合物做成小圆形球，放在烤盘上。

d) 放入冰箱冷藏 20 分钟。

13. 南瓜球

品牌：18

原料：

- 1 杯杏仁黄油
- 5 滴液体甜叶菊
- 2汤匙椰子粉
- 2汤匙南瓜泥
- 1茶匙南瓜派香料

指示：

a) 在一个大碗中将南瓜泥和杏仁黄油混合均匀。

b) 加入液体甜叶菊、南瓜派香料和椰子粉，搅拌均匀。

c) 用混合物制作小球并将它们放在烤盘上。

d) 放入冰箱冷藏1小时。

14. 素食宣纸卷

品牌：2

原料：

- ½ 黄瓜，切成火柴条
- 一把豆芽
- 生 米纸
- 4 个小葱
- 一把香菜，切碎
- 1 根胡萝卜，切成火柴棍
- 液体氨基酸
- 1 辣椒

指示：

a) 将米纸卷浸泡在一大碗开水中，直到它们变软，以此来煮米纸卷。

b) 将香菜与其他配料一起放入宣纸包装纸中。

c) 滚动并涂上液体氨基酸。

15. 西葫芦塞满土豆

品牌：8

原料：

- 4个西葫芦，纵向减半
- 盐少许
- 1½ 个烤土豆，去皮切块
- 2.5 杯洋葱，切丁
- 1 个塞拉诺辣椒，切碎
- 2 瓣大蒜
- 1 茶匙香菜粉
- ¼ 茶匙孜然粉
- ¼ 茶匙姜黄粉
- 黑胡椒，现磨
- 1.5 汤匙生姜，切碎
- 2 汤匙鹰嘴豆粉

- 1.5 杯冷冻青豆，解冻
- 2汤匙香菜

指示：

a) 将烤箱预热至 375 华氏度。
b) S从西葫芦的两半中挖出果肉，留下约 ¼ 英寸厚的皮。
c) 在一个浅煎锅中，将切成两半的西葫芦面朝上排列。
d) 用胡椒和盐调味西葫芦的两半。
e) 将土豆放入一锅沸水中煮 2 分钟。
f) 将水彻底沥干，放在一边。
g) 加热少许水，将洋葱、塞拉诺辣椒、大蒜和生姜炒3 分钟。
h) 加入鹰嘴豆粉和香料再搅拌5分钟。
i) 加入煮土豆、青豆和香菜，熄火。
j) 将蔬菜混合物均匀地塞入西葫芦的两半，
k) 盖上盘子的盖子，烘烤 20 分钟。

主菜

16. 鹰嘴豆炉灶意大利面

品牌：4

原料：

- 2 瓣大蒜，切碎
- ½ 汤匙烟熏辣椒粉
- 1 汤匙孜然粉
- ½ 汤匙干牛至
- ¼ 汤匙辣椒粉
- 盐和黑胡椒
- 1 黄洋葱
- 2 杯生素食意大利面
- 15 盎司罐装西红柿丁
- 15 盎司罐装洋蓟心

- 19 盎司鹰嘴豆罐头
- 1½ 杯蔬菜汤
- ¼ 束新鲜欧芹，切碎
- 1 个新鲜柠檬，切成楔形

指示：

a) 在一个大煎锅中，加热 2 汤匙水，将大蒜和洋葱炒至变软。

b) 加入烟熏辣椒粉、小茴香、牛至、辣椒粉和黑胡椒粉。

c) 分钟。

d) 加入意大利面，煮 2 分钟。

e) 将鹰嘴豆和洋蓟心与西红柿丁、蔬菜汤和盐一起加入。

f) 充分搅拌所有成分。

g) 煮沸，然后文火煮 20 分钟。

h) 取下盖子，用叉子弄松，然后用欧芹装饰。

i) 将柠檬汁挤在每份上。

17. 炉灶 红椒豆腐

品牌：4

原料：

- 1 份红烧姜汁
- 2 个甜椒，切丁
- 1 个洋葱，切丁
- 8 盎司豆腐，切碎
- 花生，装饰（可选）

指示：

a) 在平底锅中用中高温加热 2 汤匙水。

b) 加入甜椒、洋葱和豆腐，偶尔搅拌 5 到 7 分钟，或直到蔬菜变软。

c) 将红烧酱加入煎锅中。

d) 煮 3 到 4 分钟，不断搅拌直到酱汁变稠。

e) 发球，用花生装饰，如果使用。

18. 烤豆腐和菠菜千层面

品牌：2

原料：

- 2大把嫩菠菜
- 500克嫩丝豆腐
- 1 个茄子，烤
- 斯佩耳特烤宽面条
- 1 个西葫芦，烤
- 8 罗马番茄，去皮
- 一把新鲜罗勒
- 1 个红辣椒，烤熟并去皮
- 1个柠檬
- 2 瓣大蒜

- 1 个红洋葱

指示：

a) 将烤箱预热至 180 华氏度。

b) 制作酱汁时，将胡椒粉、西红柿、一瓣大蒜和罗勒放入搅拌机中混合，然后放在一旁。

c) 将豆腐、另一瓣大蒜、柠檬汁和菠菜混合成糊状。

d) 将茄子和西葫芦与剩余的西红柿、豆腐、菠菜混合物和一层千层面分层，制作千层面。

e) 烘烤 35 分钟。

19. 空气炸锅芝麻豆腐

品牌： 4 份

原料：

- 14 盎司包装的超硬豆腐，冷冻、解冻、沥干和压榨
- ¼ 杯酱油或酱油
- ⅛杯米醋
- ⅛杯米林
- 2 茶匙浅色或深色龙舌兰糖浆或纯素蜂蜜
- 2 茶匙蒜末
- 1 茶匙磨碎的新鲜生姜
- 2汤匙黑芝麻
- 2汤匙白芝麻
- 1茶匙马铃薯淀粉

指示：

a) 混合酱油、醋、味醂、龙舌兰、大蒜和生姜。

b) 将腌料倒在豆腐上，盖上容器，冷藏 1 至 8 小时。

c) 豆腐切成方块。

d) 将空气炸锅预热至 390°F 3 分钟。

e) 将黑芝麻、白芝麻、马铃薯淀粉抹在豆腐上。

f) 将豆腐放入空气炸锅篮中，在 390°F 下煮 15 分钟。

g) 大约 7 分钟后，用钳子轻轻检查豆腐是否粘连。

20. 即时锅香菜饭

品牌：6

原料：

- 1⅓ 杯白米饭
- ½ 黄洋葱，切丁
- 1 瓣大蒜，切碎
- 2杯水
- ½ 汤匙蔬菜清汤
- ½ 杯豌豆
- ½ 茶匙孜然
- 2盎司罐头绿辣椒
- ¼ 束香菜，切碎

- ¾ 茶匙新鲜酸橙汁
- 盐的味道

指示：

a) 在 Instant Pot 中加入少许水、洋葱和大蒜，然后按炒 4 分钟。

b) 将所有剩余的成分添加到炊具

c) 盖上并固定盖子。将其压力释放手柄转到密封位置

d) 使用高压手动功能烹饪 7 分钟。

e) 当它发出哔哔声时，自然释放并打开速溶锅盖。用新鲜香菜装饰即可食用。

21. 豆腐羽衣甘蓝炉灶炒饭

品牌：4

原料：

- ¼杯炒锅酱
- 8 盎司豆腐， 切碎
- 2 杯羽衣甘蓝， 去梗并切碎
- 3 杯煮熟的糙米
- 6 个葱， 切碎

指示：

a) 在平底锅中， 用高温加热 2-3 汤匙水， 直到开始沸腾。

b) 加入豆腐、大葱和羽衣甘蓝。

c) 做饭，经常搅拌，直到蔬菜变软，5 到 7 分钟。

d) 加入糙米和炒锅酱。

e) 煮 3 到 5 分钟，偶尔搅拌直至加热。

22. 电饭煲炒饭

品牌： 4 份

原料：

- 1杯米饭
- 1杯水
- 1 个小土豆， 去皮
- 1 杯胡萝卜， 切丁
- 1 杯中式香肠， 切片
- 1杯洋葱
- 1 杯冷冻青豆
- 2汤匙酱油
- 1汤匙蚝油

● 盐和黑胡椒调味

指示

a) 用冷水冲洗米饭。流走。

b) 将洗净的米倒入电饭煲中。

c) 在中间放一个去皮的土豆，然后放上胡萝卜、香肠、洋葱和青豆。

d) 加入酱油和蚝油。

e) 倒入1杯水，盖上盖子。

f) 当计时器响起时，掀开盖子，用勺子把土豆掰碎。

g) 轻轻混合一切。

h) 用盐和黑胡椒调味。

i) 服务和享受！

23. 即食锅豆蘑菇秋葵汤

品牌：4

原料：

- 3 瓣大蒜，切碎
- 1 杯蘑菇，切片
- 1 杯芸豆，浸泡过夜
- 1 个甜椒，切碎
- 2汤匙塔玛利酱
- 2 个中号西葫芦，切片
- 2 杯蔬菜高汤

指示：

a) 将所有材料加入速溶锅中，搅拌均匀。

b) 盖上锅盖，高火煮8分钟，

c) 允许自然释放压力 10 分钟，然后使用快速释放方法释放。

d) 搅拌均匀即可食用。

24. 炉灶豆和藜麦配蔬菜

品牌：4

原料：

- 1 杯干藜麦
- 1 个中等大小的白洋葱，切丁
- 4 瓣大蒜
- ½ 茶匙姜黄粉
- ½ 茶匙辣椒粉
- 盐少许
- 2 杯青豆，修剪并切碎
- 2 杯青豆，去壳
- 1 个红甜椒，去籽并切碎
- 2汤匙新鲜酸橙汁
- 2 杯玉米
- 2汤匙咖喱粉

指示：

a) 将 2 杯水煮沸。

b) 加入藜麦并搅拌混合。

c) 减少热量并继续煮，直到液体被吸收。

d) 在一个大铸铁煎锅中，加热 2 汤匙水，然后将洋葱、大蒜、咖喱粉、姜黄和盐炒 4-5 分钟。

e) 加入蔬菜，煮约 4 分钟。

f) 加入藜麦和豆类，煮约 2-3 分钟。淋上柠檬汁。

25. 速溶锅 扁豆烩饭

品牌：2

原料：

- ½ 杯干扁豆，浸泡过夜
- 1 瓣大蒜，轻轻捣碎
- 2 杯蔬菜高汤
- ½ 个中等大小的洋葱，切碎。
- ½ 芹菜杆，切碎。
- 1 小枝欧芹，切碎。
- ½ 杯乔木

指示：

a) 加入2 汤匙水和洋葱， 然后按炒 5 分钟。

b) 将所有剩余成分添加到 Instant Pot 中。

c) 盖上并固定盖子。将其压力释放手柄转到密封位置

d) 使用高压手动功能烹饪 15 分钟

e) 当它发出哔哔声时， 进行20 分钟的自然释放。

f) 与煮白米饭一起搅拌并趁热食用。

26. 炉灶 咖喱扁豆

品牌：5 杯

原料：

- 2 茶匙孜然种子
- ½ 茶匙姜黄粉
- 1 根肉桂棒
- 1片决明子叶
- ½ 黄洋葱或红洋葱，去皮切碎
- 1 块姜根，去皮并磨碎
- 4 瓣大蒜，去皮、磨碎或切碎
- 2 个西红柿，去皮切丁
- 2-4 个绿色泰国辣椒，切碎

- 4 杯煮熟的扁豆
- 1½ 茶匙粗海盐
- 1茶匙红辣椒粉或卡宴
- 2汤匙切碎的新鲜香菜

指示：

a) 在大平底锅中用中火加热 2 汤匙水。

b) 加入孜然、姜黄、肉桂和肉桂叶，煮 30 秒。

c) 加入洋葱，煮至焦黄。

d) 加入姜根和大蒜。

e) 再煮 2 分钟。

f) 加入西红柿和青辣椒。

g) 炖5分钟。

h) 加入扁豆，再煮 2 分钟。

i) 加入水、盐和红辣椒粉。

j) 炖 10 到 15 分钟。

k) 用香菜装饰。

27. 椰咖喱蒸贻贝

品牌：4

原料：

- 6 小枝香菜
- 2瓣大蒜
- 2个红葱头
- ¼ 茶匙香菜种子
- ¼ 茶匙红辣椒片
- 1 茶匙果皮
- 1罐椰奶
- 1汤匙咖喱酱
- 1汤匙红糖

- 1汤匙鱼露
- 2 磅贻贝

指示：

a) 在一个碗里混合酸橙皮、香菜茎、葱、大蒜、香菜籽、辣椒和盐

b) 在平底锅中加热少许水，加入大蒜、葱、捣碎的酱和咖喱酱

c) 煮3-4分钟，加入椰奶、糖和鱼露

d) 小火慢炖，加入贻贝

e) 加入酸橙汁、香菜叶，再煮几分钟

f) 准备就绪后，从火上移开即可食用。

28. 银鳕鱼

品牌：4

原料：

- ¼ 杯味噌酱
- ¼杯清酒
- 1 汤匙味醂
- 1茶匙酱油
- 4 黑鳕鱼片

指示：

a) 在碗中混合味噌、酱油和清酒。

b) 将混合物涂在鳕鱼片上，腌制 20-30 分钟

c) 调整肉鸡和烤鳕鱼片 10-12 分钟

d) 鱼煮熟后，取出即可食用

29. 味增三文鱼

品牌：4

原料：

- ¼ 杯红味噌
- ¼杯清酒
- 1汤匙酱油
- 4 条鲑鱼片

指示：

a) 在碗中混合清酒、酱油和味噌。

b) 将混合物涂在鲑鱼片上，腌制 20-30 分钟

c) 预热肉鸡

d) 烤三文鱼5-10分钟

e) 准备就绪后取出并食用

30. 藜麦配蔬菜

品牌：8

原料：

- 2 杯藜麦，冲洗并沥干
- 2根胡萝卜，去皮切片
- 1 杯切片奶油蘑菇
- 3 瓣大蒜，切碎
- 4 杯低钠蔬菜汤
- ½ 茶匙盐
- 1 茶匙干马郁兰叶
- ⅛ 茶匙黑胡椒

指示：

a) 在一个 6 夸脱的慢炖锅中，混合所有成分。

b) 用小火煮 5 到 6 小时，盖满。

c) 搅拌混合物即可食用。

31. 西兰花或花椰菜牛肉饭

品牌：2

原料：

- 1 磅生牛肉圆牛排，切成条状
- 1 汤匙 + 2 茶匙低钠酱油
- 1 包 Splenda
- ½ 杯水
- 1.5 杯西兰花小花
- 2 杯煮熟的磨碎的花椰菜或冷冻米花椰菜

指示：

a) 用酱油搅拌牛排，静置约 15 分钟。

b) 用中高火加热少许水， 将牛肉翻炒 3-5 分钟或直至变黄。

c) 从锅中取出。

d) 放入西兰花、Splenda 和水。

e) 盖上锅盖煮 5 分钟或直到西兰花开始变软， 不时搅拌。

f) 重新加入牛肉并彻底加热。

g) 将这道菜与花椰菜饭一起上桌。

沙拉和配菜

32. 烤羽衣甘蓝

使：大约8-10

原料：

- 500克羽衣甘蓝
- 捏低钠盐
- 4 个小蒜瓣
- 捏黑胡椒粉

指示：

a) 将烤箱预热至 120 摄氏度（250 华氏度/Gas 12）。

b) 将羽衣甘蓝叶和大蒜一起放在烤盘上。

c) 用盐和胡椒调味，然后烤 20 分钟。

d) 取出烤好的叶子，放在金属架上冷却。

33. 烤花椰菜和西兰花

品牌：8 杯

原料：

- 2 杯圣女果
- 1 汤匙咖喱酱
- 1 头花椰菜，取出小花并切片
- 1 个西兰花头，取出小花并切片
- 2茶匙粗海盐

指示：

a) 将烤箱预热至 425°F，烤箱架位于顶部位置。

b) 将花椰菜、西兰花和西红柿放入搅拌碗中。

c) 加入加拉姆马萨拉和盐。

d) 轻轻结合。

e) 将混合物放在准备好的烤盘上。

f) 煮 30 分钟，中途搅拌一次。

g) 稍微冷却。

34. 烤帕蒂潘南瓜沙拉

制作：4 - 6 份

原料：

- 2 茶匙枫糖浆
- ½ 茶匙食盐
- ⅛茶匙胡椒粉
- 1.5 磅小 pattypan 南瓜水平减半
- 4 个玉米穗，从玉米棒上切下的玉米粒
- 1 磅成熟的西红柿，去芯，切成 ½ 英寸厚的楔子，楔子横向减半
- 1 杯蒲公英果岭，修剪和撕裂
- 2汤匙烤葵花籽
- 您最喜欢的低脂无油香蒜沙司

指示：

a) 搅拌枫糖浆、盐和胡椒粉。

b) 加入南瓜和玉米，搅拌均匀。

c) 将蔬菜单层铺在热纸上，将南瓜切面朝下。

d) 烤 15 到 18 分钟，直到南瓜的切面变成褐色并变软。

e) 将平底锅转移到金属丝架上，稍微冷却约 15 分钟。

f) 将烤南瓜和玉米、一半的香蒜酱、西红柿和蒲公英蔬菜放入一个大碗中，轻轻搅拌混合。

g) 淋上剩余的香蒜沙司，撒上葵花籽，如果使用的话。

35. 空气炸锅 酸橙土豆

品牌：2

原料：

- 1汤匙柠檬汁
- 2 个土豆，清洗并切块
- 1 汤匙迷迭香，切碎
- ½ 杯蔬菜汤
- 捏黑胡椒调味

指示：

a) 扔所有的成分。

b) 将温度设置为 400 F，然后在空气炸锅篮中炸 15 分钟。

36. 无油烤土豆

制作： 4 份

原料：

- 6 个小黄褐色或红土豆，煮熟并切成方块
- 盐和胡椒调味

指示

a) 将烤箱预热至 450˚F，并在烤盘上铺上羊皮纸。

b) 将它们均匀地铺在烤盘上。

c) 在煮土豆上撒上盐和胡椒粉，然后将烤盘放入烤箱中层烤架上，烘烤 35 分钟或直到土豆开始起泡并呈褐色。

d) 如果您喜欢颜色更深、更脆的土豆，请多煮 10 或 15 分钟。

e) 从烤箱中取出即可食用。

37. 无油脆皮烤土豆

品牌：6

原料：

- 2 磅土豆，去皮并切成块
- 3 汤匙粗面粉
- ½ 杯 aquafaba
- 鹰嘴豆罐头中的液体
- 盐
- 调味料

指示

a) 将烤箱加热至 450F。

b) 在烤盘上铺上羊皮纸。

c) 把土豆煮沸，大约 6 分钟，直到你可以用叉子插入，但它们仍然保持形状。

d) 用漏勺沥干水分，放在一边冷却。

e) 当土豆凉到可以处理时，在碗中与粗面粉、盐和调味料混合。倒进烤盘里

f) 烤 25 分钟，然后翻转并再烤 20 分钟。

38. 西兰花蒸土豆

做 4 份

原料：

- 1.5 磅鱼种土豆
- 4 杯西兰花小花
- 3 瓣大蒜，切碎
- 1⁄4 茶匙碎红辣椒
- 15.5 盎司罐装白豆，沥干并冲洗干净
- 1茶匙干香
- 盐和现磨黑胡椒
- 1汤匙新鲜柠檬汁

指示：

a) 蒸土豆直到变软， 大约 20 分钟。搁置。

b) 将西兰花蒸至脆嫩， 约 7 分钟。搁置。

c) 在一个大煎锅中， 加热 2 汤匙水。加入大蒜和碎红辣椒。

d) 拌入蒸土豆和西兰花。

e) 加入豆子和香精， 用盐和黑胡椒调味。

f) 煮至热透， 大约 5 分钟。

g) 淋上柠檬汁。

39. 微波 咖喱土豆

制作： 4 份

原料：

- 2 磅蜡质土豆，冲洗并磨碎
- 3.5 盎司青葱，切碎
- 盐和胡椒
- ⅔杯蔬菜汤
- 1½ 茶匙咖喱粉
- 3 盎司植物性帕玛森芝士，磨碎

指示：

a) 将青葱和培根放入椭圆形耐热玻璃盘中，不盖盖子，用微波炉高火加热 3 分钟。在混合物中撒上盐和胡椒粉，然后加入土豆。

b) 搅拌均匀，倒在肉汤上。

c) 盖上盖子，用微波炉高火加热 12 分钟。

d) 将咖喱粉和植物性帕玛森芝士混合，撒在土豆混合物上。

e) 微波，未覆盖，高 2 分钟。

40. 胡萝卜、菠菜和杏仁沙拉

品牌：2

原料：

- 1 束嫩菠菜叶
- 1根胡萝卜
- ¼ 红甘蓝，切丝
- 2 个小葱，纵向切开
- 一把杏仁，切片
- 1 瓣大蒜，切碎
- ¼ 葡萄柚
- ½ 柠檬

指示：

a) 将所有配料倒入沙拉碗中。

b) 穿上柠檬。

41. 生菜菠菜香草沙拉

使：3-4

原料：

- 羊羔生菜，撕裂
- 生菜，撕裂
- 1 束嫩菠菜叶
- 新鲜香菜
- 新鲜欧芹
- 茴香
- 2 个小葱，切片
- ½ 柠檬汁

指示：

a)　将所有成分混合在搅拌碗中。

42. 菠菜、芝麻菜和鳄梨沙拉

使：3-4

原料：

- 250克嫩菠菜
- 1个洋葱
- ½ 切碎的鳄梨
- ½ 柠檬汁
- 1把火箭
- 喜马拉雅盐和黑胡椒

指示：

a) 彻底清洗所有蔬菜，然后将它们放入一个大沙拉盘中。

b) 将红洋葱切成薄片，将鳄梨切碎，然后将叶子一起搅拌。把牛油果弄得相当粗糙，这样它就成了调味品的一部分，并部分覆盖在叶子上。

c) 在沙拉上淋上柠檬汁。

d) 用盐和胡椒调味。

43. 荷兰豆、松子和芦笋沙拉

品牌：2

原料：

- 2 杯荷兰豆
- 1 束新鲜芦笋
- ½包新鲜豆芽
- 1杯菠菜
- 撒上松子

指示：

a) 将芦笋和荷兰豆用小火蒸 3-6 分钟。

b) 将芦笋和荷兰豆与少许盐和胡椒混合。

c) 在沙拉上淋上新鲜的柠檬汁。

44. 蔬菜和种子沙拉

使：3-4

原料：

- 100克豆腐
- 1 一把火箭叶
- 1 束 cos 生菜
- 1 把羊肉生菜
- 2 束嫩菠菜
- ½罐鹰嘴豆
- 1 个牛油果
- 1 把种子和坚果
- 6 个圣女果

- ½ 黄瓜
- 1 份藜麦，煮熟
- ½ 青椒或红椒
- 柠檬
- 喜马拉雅盐和黑胡椒

指示：

a) 用杏仁油轻轻煎豆腐。

b) 把所有东西都扔在一起。

45. 绿豆

品牌：4

原料：

- 11 盎司。绿豆
- 1汤匙洋葱粉
- ½茶匙盐
- ¼茶匙红辣椒片

指示：

a) 将绿豆彻底洗净，放入碗中。

b) 在青豆上撒上狮子粉、盐和辣椒。

c) 小心摇动绿豆。

d) 预热 400F 空气冰箱。

e) 将青豆放入油炸锅中煮 8 分钟。

f) 接下来，摇动青豆并在 400 F 下煮 4 分钟或更长时间。

汤和辣椒

46. 烤番茄汤

品牌：6

原料：

- 3磅西红柿减半
- 6个大蒜（捣碎）
- 盐的味道
- ¼杯浓奶油（可选）
- 切碎的新鲜罗勒叶作为装饰

指示：

a) 烤箱中火约427f， 预热烤箱。

b) 在你的搅拌碗中， 混合切半的西红柿、大蒜、盐和胡椒粉

c) 将番茄混合物涂在已经准备好的烤盘上

d) 对于 20-28 分钟的过程，烘烤和搅拌

e) 然后把它从烤箱里拿出来，烤好的蔬菜现在应该转移到汤锅里

f) 拌入罗勒叶

g) 在搅拌机中分小份搅拌

h) 立即服务

47. 乳酪汉堡汤

品牌：4

原料：

- 14.5 盎司。西红柿可以切丁吗
- 1 磅 90% 的瘦牛肉
- ¾杯切碎的芹菜
- 2 茶匙伍斯特沙司
- 3杯低钠鸡汤
- ¼茶匙盐
- 1茶匙干欧芹
- 7 杯嫩菠菜

- ¼茶匙胡椒粉
- 4盎司。低脂切达干酪丝

指示：

a) 取一个大汤锅，将牛肉煮至棕色。

b) 加入芹菜，炒至变软。

c) 从火上移开并排出多余的液体。加入肉汤、西红柿、欧芹、伍斯特沙司、胡椒粉和盐。

d) 盖上盖子，用小火慢炖约 20 分钟。

e) 加入菠菜，煮至约 1-3 分钟后变软。

f) 在每份食物中加入 1 盎司奶酪。

48. 快速扁豆辣椒

制作：10

原料：

- 1.5 杯去籽或切丁的胡椒粉
- 5 杯蔬菜汤（钠含量应该低）
- 1汤匙大蒜
- ¼ 茶匙新鲜胡椒粉
- 1杯红扁豆
- 3茶匙辣椒粉
- 1 汤匙孜然粉

指示：

a) 把你的锅放在中火上

b) 混合洋葱、红辣椒、低钠蔬菜汤、大蒜、盐和胡椒粉

c) 煮熟并不断搅拌，直到洋葱变得更透明并且所有液体都蒸发为止。这大约需要 10 分钟。

d) 加入剩余的肉汤、酸橙汁、辣椒粉、扁豆、小茴香并煮沸。

e) 此时关小火，盖上锅盖炖约 15 分钟，直到扁豆适当煮熟

f) 如果混合物看起来很稠，可以滴一点水。

g) 当大部分水分被吸收时，辣椒就会适当地完成。

h) 服务和享受。

49. 花椰菜浓汤

品牌：6

原料：

- 5杯花椰菜饭
- 8盎司。切达干酪，磨碎
- 2杯不加糖的杏仁奶
- 2 杯蔬菜高汤
- 2汤匙水
- 2 瓣大蒜，切碎

指示：

a) 将大蒜放入少许水中煮 1-2 分钟。

b) 加入花椰菜饭和水。

c) 盖上锅盖煮 5-7 分钟。

d) 现在加入蔬菜高汤和杏仁奶， 搅拌均匀。

e) 煮滚。

f) 把火调小， 用文火炖 5 分钟。

g) 关掉暖气。

h) 慢慢加入切达干酪， 搅拌至光滑。

i) 用胡椒粉和盐调味汤。

j) 搅拌均匀， 趁热食用。

50. Cr o ckpot 鸡肉玉米卷汤

品牌：6

原料：

- 2块冷冻无骨鸡胸肉
- 2罐白豆或黑豆
- 1罐西红柿丁
- ½ 包炸玉米饼调味料
- ½ 茶匙大蒜盐
- 1杯鸡汤
- 盐和胡椒粉调味
- 玉米饼片、奶酪酸奶油和香菜作为浇头

指示：

a)　将冷冻鸡肉放入瓦罐中，并将其他成分也放入池中。

b)　煮约 6-8 小时。

c)　煮好后取出鸡肉，切成自己喜欢的大小。

d)　最后，将切碎的鸡肉放入炖锅中，然后放在慢炖锅上。搅拌并煮熟。

e)　您还可以添加更多的豆类和西红柿，以帮助拉伸肉并使其更美味。

51. 轻扁豆炖

制作：4-6份

原料：

- 250 克褐色扁豆
- 1个西葫芦
- 2根胡萝卜
- 1个洋葱
- 1 瓣大蒜
- 1 片月桂叶
- 2个小枝番茄
- 1 片生姜
- 2 小枝香菜或欧芹

- 盐和胡椒

指示：

a) 准备蔬菜。首先，将洋葱和大蒜去皮，切碎。然后，将生姜去皮，切碎。

b) 最后，将胡萝卜去皮，将西葫芦洗净，取出，切成方块。

c) 在砂锅中加热少许水，加入一半的洋葱和大蒜，煮约 3 或 4 分钟左右。

d) 然后加入生姜、月桂叶、胡萝卜和西葫芦，稍微炒一下。

e) 炒完蔬菜后，加入扁豆。

f) 盖上 750 毫升（3/4 升）水，用小火煮 45 分钟，直到小扁豆变软，然后备用。

组装盘子

g) 最后将西红柿洗净切碎。将它们与其余的洋葱和大蒜混合，并用盐、胡椒和剩余的油调味。将扁豆分成 4 个碗或碗，加入番茄哈希和一些香菜叶或欧芹叶。

h) 如果您想要新鲜且超快的版本，而不是炖扁豆，您可以购买已经煮熟的扁豆并制作沙拉。

i) 你必须把蔬菜炒一点，但不要炒太多，这样它们才会有嚼劲。并将它们与已经煮熟和沥干的扁豆以及番茄哈希混合。

52. 蔬菜汤和藜麦

品牌： 2 份

原料：

- 1个大西葫芦
- 2个中等大小的胡萝卜
- ½ mandioquinha
- 4个花椰菜小花
- ½ 番茄
- 4杯水
- 1个洋葱
- 3汤匙藜麦
- 盐

指示：

a) 在水和盐、西葫芦、胡萝卜、mandioquinha、花椰菜、西红柿和洋葱中煮所有东西。

b) 当一切都煮熟时，是时候加入植绒藜麦了。

c) 从火上移开，立即食用。

53. C鸡豆瘦身汤

品牌：8

原料：

- 200 克鸡胸肉
- 盐
- 1 个切碎的大洋葱
- 2 瓣大蒜，切碎
- 2 杯切碎的圣女果
- 2 根切碎的胡萝卜
- 1 个切碎的青椒
- 1 个切碎的胡椒粉

- 1汤匙辣椒粉
- 1.5 茶匙孜然
- 1茶匙姜黄
- 1茶匙辣椒粉
- ¼ 茶匙干牛至
- 4 杯低钠鸡汤
- 2杯玉米
- 500 克洗净沥干的黑豆
- 1杯新鲜香菜
- 1杯奶酪

指示：

a) 将鸡胸肉放入盛有水的平底锅中，以中高火煮 10 至 15 分钟；切碎它。

b) 在大平底锅中倒入少许水，用中火加热。

c) 加入洋葱和大蒜约 5 至 8 分钟，或直至洋葱呈半透明状。

d) 将西红柿、胡萝卜、辣椒放入搅拌机或食品加工机中搅拌均匀。

e) 将调味料和一茶匙加入步骤 3 的锅中。加入鸡丝、步骤 4 的混合物、玉米、豆类和 2/4 杯香菜。如果觉得汤太稠，就加水。

f) 将平底锅部分盖上，煮 30 分钟到一个小时，直到玉米变软。

g) 盛上用奶酪和其余香菜装饰的汤。

54. 土豆和肉汤

品牌：6

原料

- 2磅新土豆
- 6杯水
- 6 牛肉汤

指示：

a) 将土豆加入沸水中。

b) 加入肉汤，低火煮 1 小时。

55. 黄金姜黄花椰菜汤

品牌：4

原料

- 3 瓣大蒜，切碎
- 3汤匙葡萄籽油
- ⅛ 汤匙碎红辣椒片
- 1汤匙姜黄
- ¼ 杯全脂椰奶
- 6 杯花椰菜小花
- 1汤匙孜然粉
- 1 个洋葱或茴香球茎，切碎
- 3杯蔬菜汤

指示：

a) 结合并低煮 1 小时。

56. 克罗克波特解酒汤

品牌：6

原料

- 16 盎司酸菜罐头；漂洗
- 2片培根，煮熟
- 4杯牛肉汤
- ½磅波兰香肠；切片煮熟
- 1个洋葱；切碎的
- 1 茶匙香菜籽
- 2个西红柿；切碎的
- 1个灯笼椒；切碎的
- 2根芹菜；切片
- 2茶匙辣椒粉
- 1 杯蘑菇，切片

- ½ 杯酸奶油

指示：

a) 将配料混合在炖锅中。

b) 低火煮 1 小时。

57. 德国土豆汤

品牌：6

成分：

- 6杯水
- 3 杯去皮土豆丁
- 1¼ 杯切片芹菜
- ½茶匙盐
- ½ 杯洋葱， 切丁
- ⅛茶匙胡椒粉

肉丸掉落：

- ½茶匙盐
- 1个打好的鸡蛋
- ⅓杯水

- 1 杯通用面粉

指示：

a) 使用 Crockpot 混合前 6 种成分，然后低火煮大约 1 小时直至变软。

b) 取出并捣碎蔬菜

c) 对于包子：

d) 混合面粉、水、盐和鸡蛋。

e) 洒在热汤上。

f) 煮约15分钟。

58. 豆腐炒芦笋

品牌：4

原料：

- 1 磅芦笋，切掉茎
- 2块豆腐，压制并立方
- 2 瓣大蒜，切碎
- 1 茶匙 Cajun 混合香料
- 1茶匙芥末
- 1 个甜椒，切碎
- ¼ 杯蔬菜汤
- 盐和黑胡椒，品尝

指示：

a) 用一个大平底锅加淡盐水，放入芦笋，煮 10 分钟至变软；流走。

b) 将炒锅置旺火上，加热少许水；拌入豆腐块，煮 6 分钟。

c) 放入大蒜，煮 30 秒直至变软。

d) 搅拌剩余的成分，包括保留的芦笋，再煮 4 分钟。

e) 分盘上桌。

59. 奶油百里香番茄汤

品牌：6

原料：

- 2汤匙酥油
- ½ 杯生腰果，切丁
- 2（28 盎司）罐西红柿
- 1 茶匙新鲜百里香叶 + 额外装饰
- 1.5 杯水
- 盐和黑胡椒调味

指示：

a) 在锅中用中火煮酥油，然后将洋葱炒 4 分钟直至变软。

b) 加入西红柿、百里香、水、腰果，加入盐和黑胡椒调味。

c) 盖上盖子，用文火炖 10 分钟，直至完全煮熟。

d) 打开，关掉暖气，然后用浸入式搅拌机将原料搅成泥。

e) 调整口味并加入浓奶油。

f) 用勺子舀到汤碗里上桌。

60. 蘑菇墨西哥胡椒炖肉

品牌：4

原料：

- 1 杯韭菜，切碎
- 1 瓣大蒜，切碎
- ½ 杯芹菜茎，切碎
- ½ 杯胡萝卜，切碎
- 1 个青椒，切碎
- 1 个墨西哥辣椒，切碎
- 2 ½ 杯蘑菇，切片
- 1.5 杯蔬菜高汤

- 2 个西红柿，切碎
- 2 根百里香小枝，切碎
- 1 根迷迭香小枝，切碎
- 2 片月桂叶
- ½ 茶匙盐
- ¼ 茶匙黑胡椒粉
- 2汤匙醋

指示：

a) 将锅放在中火和温油上。

b) 加入大蒜和韭菜，炒至软透。

c) 加入黑胡椒、芹菜、蘑菇和胡萝卜。

d) 边搅拌边煮 12 分钟；加入少许蔬菜高汤，确保不粘锅。

e) 搅拌其余的成分。

f) 将热量设置为中等；文火煮 25 至 35 分钟或直至煮熟。

g) 分成单独的碗，趁热食用。

61. 花椰菜汤

品牌：4

原料：

- 1 茶匙大蒜，切碎
- 1 磅花椰菜，切成小花
- 1 杯羽衣甘蓝，切碎
- 4 杯蔬菜汤
- ½ 杯杏仁奶
- ½ 茶匙盐
- ½ 茶匙红辣椒片
- 1汤匙新鲜切碎的欧芹

指示：

a) 把锅放在中火上加热油。

b) 加入大蒜和洋葱，炒至变黄变软。

c) 放入蔬菜汤、羽衣甘蓝和花椰菜中；煮 10 分钟，直到混合物沸腾。

d) 拌入胡椒片、盐和杏仁奶；搅拌均匀。关小火，将汤煮 5 分钟。

e) 将汤转移到浸入式搅拌机中并搅拌以达到所需的稠度；上面撒上欧芹，即可食用。

62. 羽衣甘蓝奶油

品牌：4

原料：

- 1 个洋葱，切丁
- 4 杯羽衣甘蓝
- 1 杯西兰花小花
- 6 杯无盐蔬菜汤
- 1茶匙大蒜粉
- ½ 茶匙海盐
- ¼ 茶匙黑胡椒粉，现磨
- 一把微型蔬菜
- 椰奶

指示：

a) 在平底锅中，加热少许水。

b) 加入洋葱，炒至洋葱变软约 5 分钟。

c) 加入羽衣甘蓝、西兰花、蔬菜汤、大蒜粉、盐和胡椒粉。

d) 炖15 分钟，不时搅拌。

e) 混合 一切顺利。

f) 服务 微蔬菜和椰奶。

63. 鹰嘴豆蔬菜咖喱

品牌： 3

原料：

- 15 盎司罐装鹰嘴豆，冲洗并沥干
- ¼ 杯洋葱，切丁
- 4 瓣大蒜，压碎
- 2-3汤匙水
- ½ 茶匙香菜粉
- ½ 茶匙孜然粉
- ½ 茶匙姜黄粉
- ¼ 茶匙豆蔻粉
- 1 块姜，切碎
- ¼ 茶匙肉桂粉
- ⅓ 茶匙辣椒粉
- ½ 杯椰奶
- 3汤匙杏仁黄油

- ¾杯蔬菜汤
- ½ 杯西葫芦，切片
- ½ 杯胡萝卜，去皮切片
- ½ 红甜椒，去籽并切片
- ¼ 茶匙红辣椒片，压碎
- 捏盐
- 捏黑胡椒
- ¼ 杯新鲜香菜，切碎
- 1茶匙酸橙汁

指示：

a) 将洋葱、生姜、大蒜和水放入搅拌机中，打成泥状。

b) H在平底锅中加入少许水，然后将香料煮约 30 秒。

c) 加入洋葱混合物后炒9分钟。

d) 加入椰奶和杏仁黄油，搅拌均匀。

e) 将热量增加到中高。

f) 加入肉汤、鹰嘴豆、蔬菜、胡椒片、盐和胡椒粉。

g) 文火煮10分钟，然后加入青柠汁和香菜。

64. 豆和西兰花辣椒

品牌：2

成分：

- 1 束菠菜
- 喜马拉雅盐和现磨黑胡椒
- 2 汤匙番茄酱
- 1 个洋葱，切碎
- 1 瓣大蒜，压碎
- 1 个红辣椒，切成薄片
- ½ 茶匙孜然粉
- ½ 茶匙香菜粉
- 1 头西兰花，切碎小
- 1罐切碎的西红柿
- 石灰块，服务
- ½ 无酵母蔬菜高汤块
- 短跑液体氨基酸
- 200 克红芸豆罐头，沥干

指示：

a) 加热高汤，蒸洋葱和大蒜。

b) 加入高汤块、西红柿、西红柿泥、辣椒、孜然、香菜、氨基酸酱、盐和胡椒粉。

c) 炖约20分钟。

d) 将芸豆和新鲜香菜放入搅拌碗中，再煮 9 分钟。

e) 上面放上生西兰花和菠菜。

65. 泰国青咖喱

品牌：2

原料：

- 1茶匙绿咖喱酱
- 2 个小葱
- 西兰花
- ¼ 花椰菜
- 1 胡萝卜 切片
- 125毫升椰奶
- 一把香菜
- 6块硬豆腐
- 大指姜，切片

- 1根柠檬草，捣碎
- 1-2 个辣椒，切片
- 2 个酸橙，榨汁
- 1 束白菜
- 荞麦面

指示：

a) 混合辣椒、酸橙和柠檬草。放在一边注入。

b) 将亚洲蔬菜和豆腐与其他蔬菜一起蒸。

c) 添加注入的辣椒、酸橙和柠檬草，以及椰奶和糊状物。

d) 文火慢炖五分钟，然后上荞麦面。

66. 炖腰果蔬菜

品牌：3

原料：

- 1½ 杯西兰花小花
- 1½ 杯花椰菜小花
- 1 个大洋葱片
- ¼ 茶匙新鲜生姜，磨碎
- 2 瓣大蒜，切碎
- 捏盐
- 捏黑胡椒
- 2 杯蔬菜汤
- 1磅腰果
- 1茶匙孜然粉
- 1茶匙辣椒
- 1 汤匙柠檬汁，鲜榨
- 1 茶匙新鲜柠檬皮屑，磨碎

指示：

a) 将洋葱放入少许水中炒约 3 分钟 分钟。

b) 加入大蒜、生姜和香料。

c) 用 1 杯肉汤煮沸。

d) 加入蔬菜，再次煮沸。

e) 盖上盖子煮 15 到 20 分钟，定期搅拌。

f) 加入柠檬汁后熄火。

g) 与腰果和柠檬皮一起趁热享用。

67. 扁豆和冬南瓜炖

品牌：4

原料：

- 225 克棕色小扁豆，浸泡
- 2个棕色洋葱
- 750ml 无小麦蔬菜高汤
- 4根胡萝卜
- ½ 胡桃南瓜
- 1个红薯
- 2个白土豆
- 1根芹菜
- 一把新鲜的豌豆

- 一把西洋菜
- 2汤匙新鲜莳萝
- 1茶匙塔玛利酱

指示：

a) 带来 股票和洋葱 在锅里煮沸。

b) 加入扁豆、土豆、南瓜和胡萝卜， 文火煮15 分钟。

c) 加入芹菜、新鲜豌豆、树叶和莳萝。

酱料

68. 奶油腰果牧场酱

品牌：6 份

原料：

- ½ 杯生腰果浸泡 3-4 小时或过夜
- ½ 杯淡水
- 2 茶匙干莳萝
- 1茶匙大蒜粉
- 1茶匙洋葱粉
- ½ 茶匙海盐
- 一撮黑胡椒

指示

j) 将浸泡和沥干的腰果与 ½ 杯水、莳萝、大蒜粉、洋葱粉、盐和胡椒粉一起放入搅拌机中。

k) 搅拌至光滑。

69. 素食蛋黄酱牧场酱

品牌：1½ 杯

原料：

- 1 杯纯素蛋黄酱
- 6汤匙水
- 2 茶匙苹果醋
- 1汤匙干欧芹
- 1 茶匙干香葱
- 1茶匙大蒜粉
- 1茶匙洋葱粉
- ½ 茶匙干莳萝
- 盐和胡椒

指示

a) 将所有成分加入碗中，然后搅拌至光滑。

b) 如果需要，添加更多的水来稀释敷料。

c) 在冰箱中存放 1-2 周。

70. 奶油香醋酱

制作：1杯

原料：

- ½ 杯蔬菜高汤
- ¼ 杯鲜榨柠檬汁
- 2汤匙香醋
- 2汤匙第戎芥末
- 2 瓣大蒜，切碎
- 1汤匙纯枫糖浆
- 1茶匙盐
- 捏新鲜胡椒粉

指示

a) 将高汤、香脂、柠檬汁、大蒜、第戎、枫糖浆、盐和胡椒粉放入玻璃瓶中。

b) 盖紧盖子并摇匀。

c) 在冰箱中保存最多 5 天。

71. 罗勒香醋酱

做2汤匙

原料：

- 2 茶匙香醋
- 1茶匙第戎芥末
- 1茶匙营养酵母
- ¼ 茶匙干罗勒
- 海盐和现磨黑胡椒

指示

a) 将所有成分与 2 茶匙水混合在罐子或特百惠容器中。

b) 盖上盖子，摇晃几秒钟以充分混合。

72. 草莓黑醋汁

品牌： 4 份

原料：

- 1 杯草莓，冲洗并去除茎
- ¼ 杯香醋
- ¼杯水
- 1 汤匙第戎或自制芥末
- 1 瓣大蒜，切碎
- ¼茶匙盐
- ¼茶匙胡椒粉

指示

a) 将烤箱预热至 425 F。

b) 在烤盘上铺上箔纸，将边缘向上折叠，这样就形成了一堵小墙。

c) 将草莓放入烤箱烤 15 分钟，或直至焦糖化。

d) 将所有成分添加到搅拌机中。

e) 将混合物搅成糊状，直至变得光滑一致。

f) 冷饮并冷藏。

73. 酸奶油辣椒酱

品牌： 4 份

原料：

- 1杯低脂酸奶油
- 1 个阿多波墨西哥辣椒
- 2汤匙阿多波酱
- 1 瓣大蒜
- 1 颗酸橙，榨汁
- ⅛ 茶匙蔬菜肉汤粉

指示

a) 在搅拌机中，混合 Chipotle 酱的所有成分。

b) 搅拌至完全光滑。

74. 纯素酸奶辣椒酱

品牌： 12 份

原料：

- 1.5 杯不加糖的植物酸奶
- 2 个阿多波墨西哥辣椒
- 1汤匙烟熏辣椒粉
- ½ 柠檬汁
- 1 瓣大蒜
- ½ 红葱头
- ¼茶匙盐
- ¼茶匙黑胡椒
- 1 汤匙葱，切碎

指示

a) 将除大葱以外的所有配料加入搅拌机中，高速搅拌至呈奶油状。

b) 拌入大葱并根据口味调整调味料。

75. 鹰嘴豆泥凯撒酱

品牌：8 份

原料：

- ¼ 杯商店购买的素食鹰嘴豆泥
- 1茶匙辣芥末
- ½ 茶匙柠檬皮屑
- 3汤匙柠檬汁
- 2 茶匙刺山柑，切碎，加腌汁
- 4 瓣大蒜，切碎
- 1 撮海盐 + 胡椒粉
- 1茶匙枫糖浆

- 热水

指示

a) 在搅拌碗中， 混合鹰嘴豆泥、辣芥末、柠檬皮、柠檬汁、酸豆、果汁和大蒜。

b) 彻底搅拌混合。

c) 加入少许热水稀释至可倾倒， 然后搅拌至奶油状光滑。

d) 立即使用， 或存放在冰箱中最多 5-7 天。

76. 腰果凯撒酱

制作：8份

原料：

- 1 杯生腰果，浸泡过夜
- ¾杯水
- 2瓣大蒜
- 3汤匙柠檬汁
- 1汤匙第戎芥末
- 1 汤匙刺山柑，沥干
- 1 汤匙素食伍斯特沙司
- ½ 茶匙盐

指示

a) 沥干腰果并加入搅拌机。

b) 添加剩余的成分，搅拌至非常光滑。

c) 敷料可在冰箱中保存长达 1 周。

77. 纯素芝麻酱凯撒酱

制作：1杯

原料：

- 4瓣大蒜
- ½ 杯芝麻酱
- ¼ 杯新鲜柠檬汁
- 3汤匙营养酵母
- 2汤匙红酒醋
- 2茶匙第戎芥末
- 2 茶匙纯素伍斯特沙司
- 1茶匙龙舌兰
- ½ 茶匙犹太洁食盐

- ¼ 茶匙现磨黑胡椒粉
- ¼ 杯温水

指示

a) 在搅拌机中加入大蒜、芝麻酱、柠檬汁、营养酵母、醋、芥末、伍斯特郡、龙舌兰、盐、黑胡椒和温水。

b) 搅拌至非常顺滑，大约需要 2 分钟。

c) 立即食用或存放在冰箱中最多 5 天。

78. 醋辣酱

品牌： 4 份

原料：

- ¼杯蜂蜜
- ½ 杯香醋
- ¼ 杯蔬菜高汤
- 喜马拉雅盐和黑胡椒调味

指示

a) 将香醋、高汤和蜂蜜混合在搅拌碗中以准备调味品。

b) 用盐和胡椒调味。

79. 柠檬龙蒿油醋汁

品牌：6 份

原料：

- ½ 杯新鲜柠檬汁
- 1 茶匙磨碎的柠檬皮
- 2汤匙白葡萄酒醋
- 1 汤匙切碎的葱
- 2 汤匙切碎的新鲜龙蒿
- 2茶匙蜂蜜
- ½ 杯 蔬菜高汤
- 犹太洁食盐和新鲜
- 白胡椒粉

指示

a) 在一个盘子里，混合柠檬汁、柠檬皮、醋、红葱头、龙蒿和蜂蜜，然后用手动搅拌机搅拌。

b) 用手搅拌或用手动搅拌器搅拌 2 至 3 次，慢慢加入原料。

c) 醋汁不应乳化，但在身体中保持非常轻盈。

d) 用盐和胡椒调味

e) 在冰箱中存放长达 3 天。

80. 姜醋汁

制作 ¼ 杯

原料：

- 2汤匙米酒醋
- 1 汤匙新鲜细香葱， 切丁
- 1 茶匙新鲜生姜， 磨碎
- ½ 茶匙 盐
- ¼ 茶匙现磨胡椒粉

指示

c) 在一个小盘子里混合醋、细香葱、生姜、盐和胡椒粉。

d) 储存直至可以使用。

81. 覆盆子醋

制作：2杯

原料：

- 1⁄3 杯新鲜覆盆子
- 1⁄3 杯第戎芥末酱
- 2 瓣大蒜
- 1 ¼ 杯香醋
- 2 汤匙枫糖浆
- 3⁄4 茶匙海盐
- ¼茶匙黑胡椒

指示

a) 将所有成分混合在搅拌机中， 直至充分混合。

b) 调整枫糖浆和调味料的味道。

82. 素食腰果芝士酱

品牌：6 份

原料：

- 1.5 杯腰果浸泡过夜
- ¾杯水
- ½ 杯营养酵母
- 1 汤匙芥末酱或第戎芥末酱
- 3汤匙柠檬汁
- 1茶匙烟熏辣椒粉
- ½ 汤匙姜黄
- 1汤匙大蒜粉
- 1茶匙盐
- 3 瓣大蒜，去皮

指示

a) 沥干腰果，然后将所有成分加入搅拌机中。

b) 高速搅拌至奶油状光滑。

83. 亚洲面条酱

制作：10份

原料：

- ¼ 杯蔬菜高汤
- ¼杯米醋
- 3汤匙龙舌兰花蜜
- 3 汤匙低脂花生酱
- 2汤匙低钠酱油
- 1 汤匙是拉差辣椒酱
- 1 汤匙切碎的鲜姜
- 2 茶匙蒜末，约 4 瓣
- ¾杯烤无盐花生，大致切碎（可选）

- ¾ 杯新鲜香菜，切碎

指示

a) 将高汤、米醋、龙舌兰花蜜、低脂花生酱、酱油、是拉差酱、生姜和大蒜搅拌在一起。

b) 上面放花生（如果使用）和香菜。

c) 冷藏或在室温下食用。

84. 亚洲沙拉酱

品牌：8 份

原料：

- ¼ 杯低钠酱油
- 2汤匙蜂蜜
- 1汤匙米醋
- 1茶匙蒜末
- 1 茶匙磨碎的姜根
- ½ 茶匙碎红辣椒片

指示

a) 将酱油、蜂蜜、醋、大蒜、生姜和压碎的红辣椒片放在一个大搅拌碗中搅拌在一起。

b) 调整枫糖浆和调味料的味道。

85. 新鲜番茄沙拉

制作：2杯

原料：

- 5 个成熟的罗马番茄或李子番茄，切碎
- 1 塞拉诺智利，去籽切碎
- ¼ 杯切碎的红洋葱
- 1 瓣大蒜，切碎
- 1汤匙切碎的新鲜香菜
- 1汤匙新鲜酸橙汁
- ½ 茶匙盐

指示

a) 在一个玻璃碗中，将所有成分混合并充分混合。

b) 上菜前盖上盖子静置 30 分钟。如果不立即使用，请盖上盖子并冷藏直至可以使用。

c) 如果在制作的同一天使用，这种莎莎酱味道最好，但如果储存得当，最多可以保存 2 天。

86. 辣芒果和红辣椒莎莎

制作：2½ 杯

原料：

- 1 个成熟的芒果，去皮、去核并切成 ¼ 英寸的方块
- 1/3 杯切碎的红洋葱
- 1 个小红甜椒，切碎
- 1 个小墨西哥辣椒，去籽切碎
- 2 汤匙切碎的新鲜欧芹或香菜
- 1汤匙新鲜酸橙汁
- 盐

指示

a) 在一个玻璃碗中，将所有成分混合，充分混合，盖上盖子，放置 30 分钟后即可食用。如果不立即使用，请冷藏直至可以使用。

b) 如果在制作的同一天使用，这种莎莎酱味道最好，但如果储存得当，最多可以保存 2 天。

87. Chipotle-番茄沙司

制作：2杯

原料：

- 2 个成熟的西红柿，切碎
- 1⁄3 杯切碎的红洋葱
- 1 罐阿多波辣椒
- ¼ 杯切碎的新鲜香菜
- 2汤匙新鲜酸橙汁
- ¼茶匙盐

指示

a) 在一个玻璃碗中，混合所有成分。

b) 冷藏直到可以使用。

c) 妥善保存，最多可保存 2 天。

88. 菠萝木瓜沙拉

制作：3杯

原料：

- 2 杯切碎的新鲜菠萝
- 1 个成熟的木瓜，去皮、去籽并切成 ¼ 英寸的方块
- ½ 杯切碎的红洋葱
- ¼ 杯切碎的新鲜香菜或欧芹
- 2汤匙新鲜酸橙汁
- 1茶匙苹果醋
- 2茶匙糖
- ¼茶匙盐
- 1 个小的热红辣椒，去籽切碎

指示

a) 在一个玻璃碗中，混合所有成分，充分混合，盖上盖子，在室温下静置 30 分钟，然后食用或冷藏直至可以使用。

b) 如果在制作当天使用，这种莎莎酱味道最好，但如果储存得当，最多可以保存 2 天。

89. 番茄萨尔萨辣酱

制作：1½ 杯

原料：

- 5 个番茄，去壳并切碎
- 1⁄3 杯切碎的甜黄洋葱
- 1⁄3 杯切碎的新鲜香菜
- 1 个小墨西哥辣椒，去籽切碎
- 1汤匙新鲜酸橙汁
- 1 汤匙整个刺山柑，加 1 茶匙切碎的
- ½ 茶匙盐

指示

a) 在一个玻璃碗中，混合所有成分，并充分混合。

b) 上桌前静置 30 分钟。

c) 如果储存得当，它可以在冰箱中保存长达 2 天。

90. 莎莎佛得角

制作：1¼ 杯

原料：

- 4 或 5 个粘果酸浆，去壳并粗切
- 1 个中等大小的葱，粗碎
- 1 瓣大蒜，切碎
- 1 个塞拉诺智利，去籽并切碎
- 1¼ 杯新鲜香菜叶
- 1汤匙新鲜酸橙汁
- 捏糖
- ½ 茶匙盐
- 1⁄8 茶匙现磨黑胡椒粉

指示

a) 在食品加工机中，将粘果酸浆、葱、大蒜、辣椒（如果使用）、欧芹和香菜混合，搅拌直至切碎。

b) 加入剩余的成分并搅拌直至充分混合，但质地仍然粗糙。

c) 转移到玻璃碗中，盖上盖子，在室温下静置 30 分钟，然后再食用或冷藏直至可以使用。

d) 妥善保存，最多可保存 2 天。

91. 烤红萨尔萨

制作：2杯

原料：

- 15 盎司火烤西红柿丁，沥干
- 1 瓣大蒜，大致切碎
- ½ 杯白洋葱，切碎
- ¼ 杯新鲜香菜叶
- ½ 中等大小的墨西哥胡椒，切碎
- 1汤匙酸橙汁
- ½ 茶匙细海盐

指示：

a) 在食品加工机中，用脉冲将大蒜切碎。

b) 加入西红柿和罐头中所有剩余的果汁。

c) 加入洋葱、香菜、墨西哥辣椒、酸橙汁和盐。

d) 处理混合物，直到它基本光滑并且没有大块的西红柿或洋葱残留，必要时刮掉侧面。

e) 立即上莎莎酱或储存起来以备后用。

92. 无油牧场沙拉酱

制作：2 份

原料：

- 1 杯生腰果，浸泡过夜
- 2茶匙柠檬汁
- 1 瓣大蒜，去皮
- ½ 茶匙海盐
- 1 撮黑胡椒
- ¼茶匙洋葱粉
- 1¼ 茶匙苹果醋
- 1茶匙枫糖浆

- 1 汤匙新鲜切碎的莳萝

指示

a) 将腰果浸泡在热水中 30 分钟或过夜。

b) 将腰果沥干并冲洗几次。

c) 转移到搅拌机中，加入大蒜、盐、胡椒粉、洋葱粉、柠檬汁、醋和枫糖浆。

d) 高速搅拌 2 分钟或直到非常柔滑。

e) 加入莳萝并脉冲几次以合并。

f) 立即使用或冷藏 3-4 小时冷藏。

甜点

93. 烤燕麦_ _ 布丁

品牌：6份

原料：

- 3 ¼ 杯脱脂植物奶
- 2 杯燕麦片
- 1茶匙香草精
- 1茶匙肉桂
- 1 杯覆盆子或您选择的浆果
- 2汤匙核桃， 切碎
- 2汤匙红糖

指示：

a) 将烤箱预热至 350°F 并在松饼罐中排线。

b) 将植物奶放入平底锅中用文火慢炖。

c) 加入燕麦，盖上盖子焖 5 分钟。

d) 加入香草和肉桂，搅拌混合。

e) 在每个松饼杯中加入燕麦片。

f) 冷藏 20分钟。

g) 在每个燕麦杯上放上浆果、核桃（如果使用）和红糖。

h) 烤至金黄，约1分钟。

94. 金色水果蛋糕

制作：20份

原料：

- 1磅蜜饯菠萝
- ¾磅杏子，干
- ½磅桃子，干
- ¼ 杯面粉
- 1杯糖
- ½ 茶匙泡打粉
- 1½ 杯面粉

- 1杯苹果酱
- 1 杯蛋清
- 1汤匙香草
- 1汤匙柠檬提取物
- 橙利口酒

指示：

a) 将菠萝、杏子和桃子切成 1/2 英寸的方块，放入大碗中混合。加入面粉，搅拌以包裹水果。在另一个碗中，将糖、泡打粉和面粉筛在一起。

b) 烤箱预热到250。

c) 在小碗中混合苹果酱、蛋清、香草和柠檬提取物。搅拌成干果混合物。加入面粉混合物，搅拌直至混合。

d) 用勺子将面糊倒入 9" 管盘中，轻轻喷上不粘的烹饪喷雾。

e) 烘烤3小时。让蛋糕在架子上的平底锅中冷却。

f) 从锅中取出。将干净的粗棉布浸泡在橙汁中。包蛋糕。

g) 在食用前一个月或更长时间，将有盖容器存放在冰箱中，偶尔在蛋糕中加入更多的利口酒。

95. 嘉布丁

品牌：2

原料：

- 4 汤匙奇亚籽
- 1杯不加糖的椰奶
- ½ 杯覆盆子

指示：

a) 将覆盆子和椰奶加入搅拌机中， 搅拌至顺滑。

b) 将混合物倒入玻璃瓶中。

c) 将奇亚籽放入罐中并搅拌均匀。

d) 用盖子密封罐子并摇匀，然后放入冰箱 3 小时。

e) 冷藏后享用。

96. 青柠鳄梨布丁

品牌：9

原料：

- 2 个成熟的鳄梨， 去核并切成块
- 1汤匙新鲜酸橙汁
- 14 盎司罐装椰奶
- 2 茶匙液体甜叶菊
- 2茶匙香草

指示：

a) 加入所有成分并混合直至光滑。

b) 服务。

97. 胡萝卜蛋糕

品牌： 16 份

原料：

- 3杯未筛分的低筋面粉
- 2茶匙泡打粉
- 1 茶匙肉桂粉
- 1 茶匙肉豆蔻粉
- ½ 茶匙 盐
- 1 罐（16 盎司）半个巴特利特梨，不加糖汁
- 1¼ 杯包装牢固的浅红糖
- 3个大蛋清

- 1 汤匙精细磨碎的橙皮
- 3汤匙橙汁
- 2 杯粗切碎的胡萝卜
- 1 杯切碎的新鲜草莓
- 1茶匙糖果糖
- 胡萝卜头

指示：

h) 在大碗中，混合面粉、发酵粉、小苏打、肉桂、肉豆蔻和盐；搁置。将梨沥干，保留汁液备用。在装有切碎刀片的食品加工机中，将梨加工至光滑；搁置。

i) 将烤箱加热至 350 华氏度。

j) 在一个 9 英寸的装饰管盘上涂上大量油脂。在大碗中，用中速电动搅拌器将梨泥、红糖和蛋清搅打至充分混合，偶尔用橡皮刮刀刮擦碗。

k) 将混合器速度降低到低；加入面粉混合物、橙皮和果汁，直到面粉混合物变湿。不要过度。用橡皮刮刀拌入胡萝卜和草莓直至充分混合。

l) 倒入准备好的锅中。

m) 烘烤 45 至 55 分钟，或直到插入中心的蛋糕测试仪出来干净为止。在金属丝架上的平底锅中冷却蛋糕 10 分钟。将蛋糕倒扣在金属架上并取出烤盘；完全冷却蛋糕。

n) 就在上菜之前，将蛋糕转移到盘子里。将糖果糖放入小滤网中，然后筛在蛋糕上。

o) 如果需要，用胡萝卜顶部装饰盘子。

98. 蔓越莓苹果酒

品牌： 4 份

原料：

- 2个金冠苹果,
- 去皮,
- 去核，粗切
- 2杯蔓越莓汁

指示：

a) 在中等大小的平底锅中，混合苹果和果汁。加热至沸腾。

b) 转小火慢炖，盖上锅盖煮 20 分钟或直到苹果变软。

c) 揭开并放在一边冷却至室温。

d) 在食品加工机或搅拌机中，将苹果和果汁搅成泥状。

e) 倒入冰淇淋机，按照制造商的说明加工成冰糕。（转到 9。） 或 6. 如果不使用冰淇淋机，将果泥倒入 9" 方形平底锅中。盖上盖子并冷冻至部分冷冻 - 大约 2 小时。

f) 同时，冷却一个大碗和电动搅拌器的搅拌器。

g) 将果泥放入冷藏过的碗中，低速搅拌直至碎片破碎，然后高速搅拌直至光滑蓬松——大约 1 分钟。

h) 将冰糕装入冷冻容器中，并在食用前冷冻数小时。

99. 无脂软糖

品牌：64 份

原料：

- 3杯糖
- ⅔杯低脂可可
- 1.5 杯淡脱脂牛奶
- ¼杯酒
- ½ 茶匙香草精
- ½ 茶匙杏仁提取物

指示：

a) 将糖、可可和牛奶完全煮沸 - 不断搅拌。

b) 一旦达到 - 停止搅拌 - 使用糖果温度计达到软球阶段 - 234 F。

c) 从热源中取出，在上面洒上和提取物。不要搅拌。

d) 让温度降至 110 F。

e) 彻底打至失去光泽。

f) 快速涂抹在 8 或 9 英寸的平底锅中。冷却并切块。

100. 脱脂姜饼

制作：1 份

原料：

- ⅔杯通用面粉
- ⅓杯全麦面粉
- ¼ 杯玉米淀粉
- 1½ 茶匙泡打粉
- 1 茶匙磨碎的新鲜生姜
- 1 茶匙姜末
- ½ 茶匙肉桂粉
- ½ 茶匙 盐
- 1杯糖

- ⅔杯脱脂牛奶
- 2个蛋清
- ⅓ 杯深色或浅色玉米糖浆
- 1茶匙香草精
- 新鲜覆盆子

指示：

a) 将烤箱加热至 350 度。用蔬菜烹饪喷雾喷洒 9 英寸方形烤盘。在大碗中，将通用面粉、全麦面粉、玉米淀粉、泡打粉、生姜搅拌在一起，如果需要，还可以加入姜末、肉桂粉和盐。

b) 在中等大小的碗中，用金属丝搅拌器搅拌糖和牛奶。

c) 加入蛋清、玉米糖浆和香草；用打蛋器打至混合。

d) 逐渐将液体混合物加入面粉混合物中，用打蛋器搅拌至光滑。将面糊倒入准备好的平底锅中。烘烤 30 分钟或直到插入中心的木镐干净为止。冷却5分钟；从平底锅移到金属丝架上。

e) 完全冷却。如果需要，可与覆盆子一起食用。

f) 根据需要装饰。

结论

总的来说，用油烹饪往往是不健康的。虽然它可以帮助为某些菜肴添加所需的风味和质地，但它对健康没有任何好处。最重要的是，它会在膳食中添加大量的脂肪、盐和卡路里，这会使血糖水平升高并使消化过程复杂化。

但是，如果您打算用油（或与此相关的任何其他食物）进行任何剧烈的饮食改变，请务必咨询您的医生。当饮食或健身计划要求您减少某些食物时，您应该咨询您的医生以确保您走上正确的道路并保护您的整体健康。您的医生还可以告知您与从您的饮食中减少某些食物相关的任何潜在副作用。

CPSIA information can be obtained
at www.ICGtesting.com
Printed in the USA
LVHW081921220323
742311LV00009B/653

9 781783 574582